DE L'ÉTAT ACTUEL DE LA FRANCE

(JUILLET 1871)

APRÈS LA GUERRE AVEC L'ALLEMAGNE

ET DE SES CONSÉQUENCES POSSIBLES

PAR

M. LOSSERAND

Ancien Chef de Comptabilité de la Garde nationale.

PARIS
IMPRIMERIE ADMINISTRATIVE DE PAUL DUPONT
41, RUE JEAN-JACQUES-ROUSSEAU.
—
1871

DE L'ÉTAT ACTUEL DE LA FRANCE

(JUILLET 1871)

APRÈS LA GUERRE AVEC L'ALLEMAGNE

ET DE SES CONSÉQUENCES POSSIBLES

La France semblait être tombée, depuis peu, au plus bas de l'échelle des nations, par suite de la malheureuse guerre de 1870 avec l'Allemagne ; mais elle possède de si excellentes qualités, sa vitalité est si grande et son activité si prodigieuse, qu'il lui suffira de rencontrer dans ses hommes d'État celui qui sera le plus capable de donner à sa politique une bonne direction pour que, en peu de temps, elle remonte tous les échelons descendus. L'exemple de ce qui vient d'avoir lieu tout récemment est vraiment satisfaisant et fortifiant.

Dans la dernière guerre, déclarée d'une manière si insensée qu'on ne savait pas même à quel ennemi on avait affaire, on réunissait à peine trois cent mille combattants à opposer à plus de douze cent mille hommes, préparés de longue main, disposant d'un matériel immense (on a parlé de cent quarante-cinq mille hommes d'artillerie à opposer à moins de quarante mille hommes de la même arme pour la France), quand chez nous, au contraire, rien n'était prêt, ni armée, ni matériel, et, par malheur encore, c'était nous qui provoquions à la guerre. Jamais rien de plus impolitique ne fut tenté par aucune nation : c'est que, chez nous, le contrôle n'existait nulle part, quand cependant c'est lui qui devrait régner en souverain et être la loi invariable des nations et de leurs gouvernements.

Un homme considérable, qui aurait peut-être rendu de grands services au gouvernement récemment tombé, nous disait un jour : « Savez-vous à quoi l'empereur Napoléon Ier a dû principalement ses succès? C'est parce qu'il était un grand travailleur, sachant mieux que ses généraux et ses intendants de quelles ressources, en tous temps, il pouvait disposer. Mais cet excellent homme consciencieux et travailleur, autrefois l'un de nos colonels de la garde nationale, resté attaché à la famille de l'empereur, étant devenu vice-président de la République en 1848, ne tarda pas cependant à être évincé de cette position élevée, où il aurait pu rendre les services les plus signalés au chef de l'État, en écartant les importuns, particulièrement ceux qui devaient le conduire à sa ruine, et surtout à la ruine de l'État. Mais d'autres préoccupations devaient prévaloir.

D'ailleurs, on se regardait peut-être comme prédestiné, appelé à réparer les torts d'un passé déjà éloigné ; et puis, n'avait-on pas la France derrière soi, cette France qui venait de se donner avec un si grand abandon à l'appel d'un nom qui rappelait des désastres à réparer, c'est-à-dire le besoin d'obtenir une revendication ?

Cette disposition des esprits était tellement sentie, que partout en Europe on se tint comme averti, et l'on peut dire que si les nations fourbirent leurs armes, en France on se tint dans une sécurité profonde, attendant tout des événements à échoir et en comptant peut-être trop sur les chances si favorables à la France ordinairement.

Un illustre maréchal de France, cependant, avait attaché sa réputation à une organisation militaire peu dispendieuse, ayant du rapport avec l'organisation militaire de la Prusse, où tout le monde est soldat. On sentait bien, partout en France, que l'on aurait affaire prochainement à cette nation que nous provoquions par tous les moyens possibles, et l'on devait se tenir prêt pour toutes les éventualités. Mais, comme si le destin en avait décidé, le maréchal mourut, et ses successeurs ne manquèrent pas de laisser son œuvre inachevée, ainsi qu'il arrive presque toujours en notre pays. Quand, après des malheurs immenses, c'est-à-dire après l'effondrement de la France, on voulut la reprendre, il était trop tard.

Heureusement que, après toutes les calamités qui sont venues accabler notre pays si imprévoyant, Dieu lui réservait une ressource suprême en lui conservant un illustre vieillard, doué du coup d'œil d'un véritable homme d'État, sachant ramener la confiance partout, relever les courages abattus, et faire admirer même des étrangers notre chère patrie, tout accablée par ses récents désastres.

Par la nouvelle et bonne direction imprimée à sa politique, cette nation incomparable va, par sa vitalité, son activité et son patriotisme, recouvrer bientôt au centuple tout ce qu'elle semblait avoir perdu (nous nous réservons pour les pertes les plus sensibles : celles qui concernent les territoires qui nous ont été ravis). Pour ce qui est des indemnités de guerre à payer, nous nous associerons volontiers au langage tenu jadis par un célèbre homme d'État français, que « *la France était assez riche pour payer sa gloire,* » avec cette variante chez un homme d'État non moins célèbre qui, de nos jours, aura pu dire qu'*il l'a estimée assez riche pour payer des défaites non prévues et non méritées ;* car non-seulement elle n'était ni prête ni désireuse d'entrer en lice, mais ses hommes d'État et ses écrivains les plus autorisés et les plus clairvoyants avaient fait tout leur possible pour préserver notre pays de l'orage qui le menaçait.

Du reste, comme de tous les faits historiques découle ordinairement un enseignement, peut-être ceux qui viennent de se passer devront-ils servir à nous rendre moins présomptueux à l'avenir vis-à-vis des autres nations, en nous apprenant à les mieux apprécier, et aussi à savoir profiter de leur expérience. Ainsi on ne saurait refuser à l'ennemi qui vient de nous éprouver que, écrasé sous le premier Empire dans une bataille célèbre (Iéna), il s'est relevé avec la haine au cœur et nous a poursuivis jusqu'au jour d'une vengeance qui a sa grandeur et ses éclats. Il nous permettra bien aussi de retrouver cette sainte colère pour reprendre des provinces qui nous sont chères, la Lorraine et l'Alsace, qui nous ont été plutôt volées que conquises. Nous ne saurions oublier qu'elles nous ont donné d'illustres soldats et généraux, comme Rapp, Kléber, Lobau, Kellermann et un grand nombre de citoyens illustres. Ces provinces sont encore frémissantes sous le coup des malheurs immérités qui les ont frappées, et nous pleurons amèrement aujourd'hui la séparation qui nous est imposée, mais qui ne saurait être d'une longue durée.

Quand cette colère éclatera, soyez persuadée, Majesté prussienne, qu'elle sera saluée par vos provinces allemandes elles-mêmes, si violemment annexées, et comme traînées à votre char de triomphateur.

Du besoin de ménager les États, allemands autrefois, appartenant à la Confédération germanique.

On savait qu'à bon droit l'Allemagne redoutait la France, qui l'avait condamnée, trop souvent, à subir ses envahissements, à l'occasion de ses luttes avec les autres nations. On savait aussi que nos soldats avaient la malheureuse habitude de ne point ménager les populations envahies pour se faire vivre. L'Allemagne conservait encore le souvenir douloureux des violences regrettables qu'en des temps éloignés déjà nous lui avions fait subir. Bien que ces fautes appartinssent à des générations éteintes depuis longtemps, comme on sait que les nations n'oublient pas, on aurait peut-être dû, par esprit d'équité même, s'attacher à adoucir cette amertume qui devait exister dans le cœur des Allemands, et, dans ces derniers temps, avant la guerre, s'attacher à seconder les tentatives d'émancipation des provinces allemandes annexées.

Provocations de la Prusse, après 1866 et bien avant la guerre.

Ne nous rappelons-nous pas que, depuis longtemps, elle

avait provoqué par tous les moyens et les injures les plus grossières répandues dans ses gazettes notre nation qui est sans défiance, parce qu'elle est la loyauté même ? N'est-il pas universellement reconnu que l'incapacité de nos gouvernants les a conduits à lui déclarer une guerre qu'elle brûlait d'envie de leur faire et pour laquelle elle était préparée depuis longtemps : c'est-à-dire, qu'ils ont joué son jeu de la manière la plus insensée ?

Paris, colonie allemande.

Paris, notamment, était votre plus riche colonie, et nous ne nous en plaignions pas, tant nous croyions les vôtres dignes de notre amitié et de notre confiance. Ils y occupaient souvent, aux dépens de nos nationaux, les meilleurs emplois ; ils étaient princes dans la finance, placés à la tête des premières maisons de commerce, répandus partout, dans nos manufactures et jusque dans nos plus modestes ateliers ; mais nous savons aujourd'hui à quelles conditions ils y étaient, et vous nous avez appris à nous défier d'eux à l'avenir.

Portons notre attention maintenant sur Paris, ce grand Paris si malheureux pendant le siége et encore plus pendant la guerre civile, où il a vu détruire, par des incendies qu'il n'a pu empêcher, ses plus beaux monuments, ses grands établissements publics et jusqu'à des maisons particulières en très-grand nombre.

Paris est indispensable à la province pour les articles en nombre infini qu'il lui fournit et qui lui ont fait défaut depuis près d'un an.

Ce Paris, qui a supporté si dignement ses malheurs, va devenir le Paris *ignoré de lui-même*, car il saura désormais qu'il est le moteur, l'agent principal, le pourvoyeur général de la province, qui se meurt quand il paraît avoir cessé de vivre ; elle n'avait cependant pas assez de sarcasmes et d'injures à lui prodiguer, quand des événements dont il n'était pas toujours la cause première venaient agiter ses nombreux et grands travailleurs, les plus intelligents peut-être de l'univers (demandez-le à toutes les expositions et à celle dont il fait les frais en ce moment en Angleterre). La grande âme de la France semblait, dans ces derniers temps, comme s'être retirée de ce corps puissant, incapable cependant de produire par lui-même les choses les plus élémentaires ; c'est ce que nous avons pu constater en parcourant une partie du pays de l'Ouest à l'Est, pendant les mois d'avril et de mai derniers. Paris ne nous alimente plus, disaient tous les échos, et le voyageur étonné était obligé de se passer des choses les plus simples et d'un usage journalier.

Affaire brillante de la Garde nationale, commandée par le général Clément Thomas, à Montretout, où elle a perdu deux mille hommes. — Cause de l'insuccès de cette journée.

Que fait donc Paris? se disait-il. Je sais bien qu'on lui a mis les armes à la main ; qu'il se promettait d'en faire bon usage contre les ennemis du dehors, les Prussiens, et les armées allemandes contraintes de marcher avec eux ; je sais bien aussi qu'on a hésité à employer cette force citoyenne, malgré l'insistance de l'infortuné général Clément Thomas qui la commandait, et qui n'a obtenu qu'à grand'peine et par la force de sa volonté une seule journée, celle du 19 janvier, où elle s'est conduite si vaillamment, qu'elle a enlevé avec un entrain remarquable l'une des trois positions indiquées dans le programme, celle de Montretout, où elle a laissé sur le champ de bataille environ deux mille hommes, tant tués que blessés. Il y avait là des citoyens de toutes conditions : des artistes distingués, des commerçants et des ouvriers énergiques.

Un retard de plus de deux heures dans l'arrivée d'une division de l'armée (celle du général Ducrot, nous croyons) paralysa le succès de cette journée, la dernière qui put être accordée, puisqu'il n'y avait plus de vivres à Paris que pour un ou deux jours, et que la capitulation dut la suivre de près..

Ce retard regrettable permit à l'armée ennemie, surprise d'abord, de se reconnaître et d'arriver de Versailles avec une nombreuse artillerie pour écraser d'autant plus facilement la nôtre, qu'elle était enfoncée jusqu'aux essieux dans un terrain détrempé par suite du mauvais temps des nuits précédentes.

Création de deux cent soixante bataillons de garde nationale à Paris pendant le siége.

Il n'est pas inutile de dire que la garde nationale de Paris avait été organisée, au nombre de deux cent soixante bataillons représentant à peu près deux cent soixante mille hommes, par son état-major général composé d'officiers fort distingués, appartenant aux meilleures familles, qui tous firent preuve d'un zèle remarquable. En tête nous citerons MM. les généraux Tamisier, Clément Thomas ; MM. les colonels marquis de Castéja, Roger du Nord ; les lieutenants-colonels, sous-chefs d'état-major, Colonna Ciccaldi, Baudouin de Mortemart, Munster, Levrat, Ernault, de Chamborant, vicomte de Richemont, Brémart, comte de Langle-Beaumanoir, le baron Le Barrois d'Orgeval; MM. Dollfus de Mulhouse, Duperrier et tant d'autres qui restèrent en permanence pendant toute la durée du siége, soit auprès des généraux et amiraux commandant les secteurs, soit à l'état-major général en se distribuant les grands services militaires. Les intendants généraux et sous-intendants, comme MM. Blondel, Regnault, comte de Chaumont-Quétry, déployèrent dans ces fonctions si utiles leur capacité et un zèle remarquable. Le service de santé était dirigé par M. le docteur Filhos, chirurgien principal de l'état-major général. Le service de la justice militaire, représentant le service de la prévôté à l'armée, était dirigé par M. le lieutenant-colonel Durieux, qui s'était donné, en outre, la mission importante d'éliminer des cadres de la garde nationale les éléments impurs qu'une organisation précipitée pouvait y avoir introduits ; mais les événements se succédèrent avec tant de rapidité, qu'il n'eut pas le temps d'accomplir sa mission.

Le service disciplinaire, si utile également, était dirigé par M. le lieutenant-colonel Demay. Les fonctions de ces officiers étaient entièrement honorifiques, à l'exception des commandants en chef et des chefs d'état-major.

Nous pourrions citer aussi les nombreux officiers supérieurs de la garde nationale commandant les bataillons de marche, et ces bataillons eux-mêmes, si merveilleusement disposés à seconder l'armée, si l'on avait pu les employer, comme ils y aspiraient.

Il ne faudrait pas, pour émettre un doute, qu'on excipât de la couardise montrée par certaine troupe commandée pour marcher à l'ennemi : c'est que celle-là se réservait peut-être pour d'autres trophées, ceux de la guerre civile, à laquelle elle n'a que trop répondu.

On insiste auprès des généraux chargés de la défense pour l'emploi de la garde nationale à combattre les assiégeants.

Nul doute que si l'on eût pu employer résolument cette garde citoyenne, elle n'eût troublé considérablement l'armée assiégeante et secondé les armées de la province qui venaient au secours de Paris. On avait même insisté auprès des généraux de la défense en disant : que ce sang qui s'offrait de lui-même devrait être accepté, et que si on le refusait, on aurait peut-être lieu de s'en repentir plus tard.

On peut reconnaître aujourd'hui, à l'étendue de nos désastres, ce que ces paroles avaient de prophétique.

Les incendies des monuments et établissements publics de Paris sont surtout l'œuvre des réfugiés étrangers qui inondaient Paris.

Il n'est que trop démontré que les nombreux incendies allumés à Paris et qui ont détruit le Ministère des finances, les Tuileries, l'Hôtel de Ville, la Préfecture de police et atteint un grand nombre de monuments et d'établissements publics, sont l'œuvre d'étrangers qui avaient rêvé, dans leur démence, de couvrir toute l'Europe des ruines qu'ils lui auraient faites. Ces étrangers, qui dominaient Paris en ces temps de calamités, se composaient principalement de réfugiés de toutes les nations, et dirigés par Dombrowski, installé au quartier général de la place Vendôme, à l'ancien état-major de la garde nationale, dès le 21 mai, d'où il avait éloigné, paraît-il, l'élément français appartenant à la Commune installé à l'École militaire. L'hôtel de l'état-major lui-même était destiné à être brûlé aussi, et c'est par une circonstance fortuite que le feu n'y a pas été allumé.

Le siège de Paris dure cinq mois, de fin septembre 1870 à milieu de février 1871. — Privations inouïes supportées par les habitants.

L'histoire du siège de Paris a peut-être démontré suffisamment l'héroïsme de sa population par les privations inouïes qu'elle a supportées avec une grande résignation, tout en s'apprêtant à combattre. On y voit ses malheureuses femmes passer une partie des nuits, par les temps les plus affreux, à la porte des établissements désignés, pour y recevoir de maigres portions d'un pain horrible à manger et quelque peu de viande de cheval, donnée pour plusieurs jours ; un hareng saur remplacera quelquefois la viande. Le beurre et le fromage n'existent plus depuis le commencement du siège. On mange les animaux immondes, les chats, les rats et jusqu'aux chiens. Quant aux autres animaux, ils sont du domaine des riches: les œufs se vendent 2 fr. 60 l'un; les légumes étaient si rares que 15 francs représentaient alors 0 fr. 15 c. d'aujourd'hui. Les lapins, les poulets se vendaient 40 ou 50 francs, les pommes de terre, ce légume si utile à la classe pauvre, se vendaient 20 francs le boisseau.

Le bois de chauffage faisant complètement défaut, on a, comme ressource suprême, le bois vert provenant des arbres fraîchement abattus sur nos boulevards et les promenades publiques ; cela donne une fumée qui empeste les logements ; mais la population, qui s'est exercée prend patience, supporte tout, dans l'espoir de combattre bientôt l'ennemi.

Comment l'armée allemande n'a-t-elle pas tenté d'enlever par un coup de main hardi la Ville de Paris, non suffisamment pourvue de ses moyens de défense aux débuts du siége.

On pouvait se demander comment l'armée allemande qui assiégeait Paris n'avait pas cherché à y pénétrer de vive force dès son apparition sous ses murs, non pourvus encore de leurs moyens de défense, ni même de leurs défenseurs qui ne possédaient pas de fusils en nombre suffisant, et dont ils auraient à apprendre le maniement quand ils en seraient pourvus; c'est que Sa Majesté prussienne et son digne ministre, le propagateur de cette formule nouvelle : *la force prime le droit*, avaient décidé, dans leur mansuétude, que la population de Paris serait enfermée dans un cercle de fer, et qu'on l'y laisserait mourir de faim.

Il y avait bien là des femmes, des vieillards, des enfants ; mais qu'est-ce que cela pouvait faire à des gens qui avaient condamné, sans rémission aucune, toute la race latine, comme complétement usée, indigne de vivre plus longtemps et ne sachant que provoquer à tous les désordres.

Ils avaient espéré, aussi, que la population pauvre se jetterait sur la population aisée; que la guerre civile faisant son œuvre de destruction, le roi de Prusse, bientôt empereur d'Allemagne, et son entourage auraient pu démontrer à l'Europe, facile à convaincre, qu'ils n'avaient conduit que des armées civilisées appelées à purger l'univers d'une secte qui le corrompait et l'empoisonnait.

C'était ainsi que cette histoire de l'armée allemande devait s'écrire.

Mais cette histoire trouvera d'autres pages plus éloquentes et plus vraies, qui prouveront que cette guerre préparée de longue main par la Prusse n'avait d'autre but que le vol à main armée, au moyen de l'espionnage le plus éhonté qui ait pu être conçu ; que l'occupation de notre territoire aura servi à démontrer un envahisseur déployant toutes les ressources d'un mercantilisme indigne d'une nation qui se respecte ; d'un envahisseur qui a provoqué à la guerre civile chez nous, sachant bien toutes les ressources que lui fournirait à cette fin cette multitude d'étrangers qui avaient envahi Paris et le dominaient pendant le règne de la Commune, s'apprêtant à le piller et à l'incendier, comme ils n'y ont que trop bien réussi ; employant à cette œuvre infernale ce rebut des grandes villes, populace ignoble, toujours prête à offrir son concours au désordre qui est son élément.

Croyez-vous donc qu'une œuvre aussi malsaine que celle à laquelle vous vous êtes prêtée puisse vous réussir longtemps, vous qui vous êtes servie de nos bienfaits pour nous accabler de misère ! Vous devriez bien, cependant, savoir qu'il y a un juge suprême, qui pèse dans sa justice éternelle les actions des hommes, et cependant vous n'avez pas craint d'allumer sa colère. Vous n'avez pas assez reconnu qu'en même temps qu'il protége la France, entre toutes les nations, il lui a donné aussi les qualités nécessaires pour la rendre la nation la plus hospitalière du monde, afin que tous ses enfants, à quelque nation qu'ils appartiennent, y trouvent aide et protection. Cherchez, en effet, l'étranger qui ne soit pas bien accueilli sur le sol français où il prospère plus volontiers que le maître du lieu !

Quant à vous, Majesté, sachez bien que si Dieu daigne s'occuper des grands de la terre, ce ne peut être que pour leur confier la mission de faire tout le bien capable de découler d'une main auguste qui n'aura qu'à se lever pour protéger les faibles. secourir les malheureux ; s'entourer de conseils qu'il solliciteront, provoqueront même, et dont ils devront faire le meilleur usage que leur conscience, *qui est de Dieu,* leur suggérera ! Restons dans cette conviction que, lorsque ces puissants mettront leur orgueil à la place du devoir, et que cet orgueil imposera des sacrifices humains, ils tomberont d'aussi haut qu'ils auront voulu s'élever ; car le même Dieu, dispensateur des grâces, les aura abandonnés pour avoir forfait à ses décrets immuables. Leurs noms seront voués à l'exécration, plus encore que ne seront révérés ceux des saints de l'humanité, de ces savants qui illuminent le monde et le font progresser. Ces savants seront nombreux en Allemagne, en Angleterre, en Italie, plus nombreux encore en France, peut-être, où toutes les intelligences se donnent rendez-vous, et particulièrement dans ce magnifique Paris, qui est comme le dépôt de tous les trésors des arts, des sciences, de la littérature, de toutes les contrées et de toutes les époques ; de ce pays que *tous les peuples de la terre devraient s'attacher à protéger*, car il n'appartient pas seulement à la France, mais à l'univers tout entier ; et cependant, vous avez osé le menacer de vos canons perfectionnés, le bombarder même, le vouer à l'anéantissement. En effet, vous avez réussi à faire mourir de faim bien de pauvres gens, de pauvres petits êtres, qui s'éteignaient sur le sein desséché de leur mère ; mais ces petits enfants sont au ciel auprès de Jésus qui les aimait tant, et à qui ils demandent pourquoi vous leur avez arraché une vie qu'ils auraient pu consacrer au bien de l'humanité.

Faisons trêve un instant à ces tristes réflexions pour porter notre attention sur d'autres sujets regardant l'avenir d'un pays dont il ne faut jamais désespérer, car il porte en lui l'avenir du monde.

Du journalisme ; de ce qu'il est et pourrait être.

Les hommes placés à la tête du journalisme, comme administrateurs ou autres, feraient peut-être bien de le surveiller attentivement, pour qu'il ne se laisse pas entraîner par des coteries capables de le perdre et le déshonorer ; s'attacher aussi à contenir les hommes jeunes et trop ardents, non familiarisés encore avec la politique, et qui, se laissant entraîner eux-mêmes, en entraîneraient d'autres à leur suite d'une manière parfois regrettable.

Ce journalisme qui nous est si cher ne devrait pas perdre de vue qu'il fait essentiellement partie de notre existence, à laquelle il prend peu de temps chaque jour (une ou deux heures), c'est-à-dire qu'il a presque charge d'âmes. Il serait donc à désirer, dans l'intérêt général, que tous ces organes fussent sincères et convaincus ; qu'ils ne fissent pas métier seulement d'une chose qui pourrait être, et serait digne d'être, chose sainte et sacrée, à la condition d'éclairer, instruire, élever les âmes en les épurant, et contribuer, de la sorte, à nous refaire une France digne de ses grands souvenirs. Il ne saurait oublier que tous ses échos n'ont pas été irréprochables dans ces derniers temps ; qu'ils ont même allumé des passions qui ont attiré les plus grands malheurs sur notre pays.

Du besoin absolu d'éclairer les habitants des campagnes qui ne possèdent aucun moyen de savoir ce qui se passe à quelque distance de leur horizon.
Une feuille officielle affichée dans chaque commune remplirait peut-être ce but.
La dépense en serait facilement supportée par chaque commune.

Ici, une remarque est à faire : c'est que dans nos villages assez peuplés qui ne sont pas chefs-lieux de canton, il n'existe, le plus souvent, aucune feuille publique pour renseigner les habitants sur ce qui se passe, en dehors de leur horizon nécessairement borné. Ils sont exposés de la sorte à devenir aussi étrangers à leur pays que s'il n'existait pas de patrie pour eux, et l'on pourrait craindre que le sentiment de la nationalité ne finît un jour par y être fortement affaibli ; de là à une grande indifférence, en cas d'invasion, il n'y aurait pas loin.

On est effrayé à la pensée que les populations ainsi traitées et aussi peu cultivées disposent d'une arme aussi considérable que celle du vote universel ; il y a là quelque chose à faire, évidemment, et la distribution d'un journal officiel à la commune semblerait devoir être mis à la portée des habitants, par voie d'affiche principalement.

Cette réflexion m'a été inspirée par cette circonstance que, enfermé pendant un mois dans un village assez important de la Haute-

Marne, je ne connaissais un peu les nouvelles que lorsque je me rendais au chef-lieu du canton pour les affaires qui m'y avaient amené ; alors, au lieu d'un journal, j'en lisais volontiers deux, et si le premier m'avait appris quelque chose, le second ne tardait pas à me troubler d'une manière déplorable.

O sublime ignorance, bien pardonnable, sans doute, et suffrage universel, comme vous marchez bien près l'un de l'autre ! Et cependant ce sont ces rouages embarrassés qui seront peut-être les seuls éléments à prononcer dans un jour prochain sur la constitution future du pays. N'y aurait-il pas lieu d'examiner froidement et avec calme ce qui pourrait être fait pour que la France, mieux éclairée cette fois, sût bien la conduite à tenir. Elle n'aura plus, pour la guider désormais, le souvenir d'un nom glorieux, passé à l'état de légende chez nos paysans qui fournissent le meilleur contingent de nos armées, et dont les ancêtres ont marché si longtemps et si vaillamment derrière le plus grand capitaine du monde. D'ailleurs, ces braves soldats ont rejoint dans la tombe ceux moissonnés sous leurs yeux dans les combats héroïques de l'épopée impériale. Ceux qui leur ont succédé n'ont plus à citer que des combats, glorieux encore, qui sont de nos jours ; et comme on s'est peu reposé, malgré les promesses de l'Empire : c'est la paix ! il s'ensuit que tout le monde, ou à peu près, a un peu fait la guerre.

Guerre du Mexique, désastreuse pour la France comme effet moral principalement.

Après celles de Crimée et d'Italie qui ont eu leur grandeur, est venue celle du Mexique, la plus grande faute, peut-être, du gouvernement impérial, où il a eu à combattre, avec le même insuccès, un peuple ayant la même origine, les mêmes passions et habitudes que le peuple espagnol qui a lutté avec tant d'héroïsme contre le premier Empire. Les résultats en ont été presque aussi déplorables pour la France, qui y a laissé de son prestige et y a perdu, au moins momentanément, son influence et compromis son commerce sur le premier marché du monde, *l'Amérique*, son seul débouché à peu près.

C'était déjà la France entamée une première fois. Nous ne connaissons que trop la suite d'une si lamentable histoire.

On pouvait croire, après la guerre d'Amérique, que les deux anneaux détachés de cette grande République ne se ressouderaient jamais; c'est cependant le contraire qui est arrivé, et sa prospérité toujours croissante efface même peu à peu les désastres causés par cette guerre fratricide. Puisque, après avoir failli sombrer, cette République est si bien assise, examinons donc, malgré l'insuffisance de nos facultés, si le régime qui lui appartient et lui réussit si bien pourrait être appliqué à notre pays. Nous l'essaierons avec la conviction bien profonde de notre incapacité à résoudre un pareil problème, mais enfin nous l'essaierons pour satisfaire les besoins de notre conscience.

Je n'hésiterai pas à me poser cette question : Sommes-nous assez mûrs pour arriver de premier jet, ou plutôt après deux tentatives avortées (1848 et 1871, où deux Républiques se sont livré bataille), et quand un tiers de notre territoire est occupé par une armée ennemie, à un gouvernement républicain, qui nous laissera supposer un accord parfait tout autour de nous, soit à l'intérieur, où il existe cependant une grande divergence d'opinions, soit à l'extérieur, où nous ne sommes entourés que de monarchies aussi vieilles que la vieille Europe, c'est-à-dire les choses les plus enracinées qui soient au monde.

La République, en France surtout, effraiera toujours les monarchies européennes, qui ne lui feront jamais bon accueil.

Ces monarchies, à n'en pas douter, seront constamment tenues en défiance par le mot de République qui sera toujours pour elles un sujet d'effroi, surtout *quand c'est la France qui le porte*. N'est-il pas évident, d'ailleurs, que si les souverains de ces puissances lui accordaient quelque sympathie, ils n'auraient plus, pour être logiques, qu'*à abdiquer eux-mêmes.*

En présence de difficultés aussi sérieuses, examinons, sans parti pris, ce qui pourrait être tenté pour leur trouver une solution.

Le Gouvernement constitutionnel, avec les institutions aussi larges que possibles du gouvernement du pays par le pays, remédierait certainement à l'état de choses cité plus haut.

Le gouvernement constitutionnel, dont on a dit tant de bien et de si excellentes choses, lorsque la France avait le bonheur de le posséder, semblait répondre à toutes les aspirations. C'était le roi Louis-Philippe, d'honnête mémoire, qui était à sa tête. Il a peut-être eu le tort, et c'est ce qu'on lui a reproché, de faire sentir que c'était sa politique personnelle qui dominait dans les conseils ; il avait tant d'esprit, qu'on aurait peut-être pu lui pardonner cet écart à la fiction constitutionnelle ; mais le malheur de son règne a tenu surtout à des malheurs publics, à des actes de concussion et autres, chez de grands personnages notamment ; le roi, qui n'y pouvait rien, les ignorait lui-même. Au contraire, par sa sagesse et l'honorabilité de tous les membres de sa famille, les bons exemples partis d'en haut auraient dû préserver les échelons inférieurs des funestes événements qui sont venus inquiéter la population laborieuse donnant l'exemple de toutes les vertus du citoyen.

Des causes principales de la chute du Gouvernement constitutionnel en 1848.

Pour remédier aux désordres qui se manifestaient, surtout dans les classes privilégiées, des lois protectrices semblaient nécessaires, et l'on voulait désormais appeler à la confection de ces lois, non plus seulement des hommes en possession de la fortune, ce qui véritablement semblait insuffisant, mais des capacités à introduire dans la législature. En vérité, il semble que cela n'était pas plus illogique que l'introduction du suffrage universel qui a fait irruption tout d'un coup, à quelque temps de là. Ce qui en est résulté a été le malheur des temps ; mais tous ces maux sont comme les chaînons attachés les uns aux autres et défilant tous les faits et gestes d'une grande nation.

Est-ce à dire, parce que le gouvernement constitutionnel, qui appelle le contrôle le plus parfait, quand il est appliqué dans ses acceptions les plus larges, a sombré une première fois, qu'il serait incapable de se relever, s'il avait le soin d'éviter de nouveaux écueils? Rien ne sera plus facile à la législature de prendre toutes ses précautions pour qu'il ne soit pas possible de s'écarter, à l'avenir, de la voie tracée, désormais sa propre garantie, comme elle sera celle du pays.

Comparaison avantageuse de la France avec l'Angleterre, qui possède le Gouvernement constitutionnel, ou le Self-Government.

L'Angleterre ne nous offre-t-elle pas un exemple saisissant du respect accordé aux libertés? N'est-elle pas le pays, par excellence, de la libre discussion, pays qui ne se livre pas et ne s'abandonne jamais ? Croit-on qu'en Angleterre il puisse arriver ce qui nous est arrivé à nous-mêmes dans ces derniers temps? C'est que là il n'existe pas un maître, et que le maître de tous, après Dieu, c'est tout le monde.

La France remise en possession d'un tel régime ne serait-elle pas encore mieux partagée? Puisque chez la nation anglaise il existe des fortunes qui sont comme une injure à de profondes misères, tandis que chez nous, au contraire, les fortunes sont tellement divisées, qu'il n'y a presque pas d'exemple qu'elles restent dans la même famille au delà de trois ou quatre générations. Chez nous, le peuple reste attaché à son territoire, suffisant à ses besoins, d'où, une difficulté réelle pour le développement de sa riche colonie algérienne, que des malheurs publics, seuls, pourront peut-être servir à développer. Il n'en est pas de même de l'autre côté du détroit, où l'émigration est comme un besoin naturel, et en Irlande, principalement, l'état normal.

En Angleterre, à défaut d'individus, ce sont les capitaux fabuleux de l'aristocratie qui émigrent, par un sentiment patriotique, du reste, pour aller chercher, au delà des mers, des débouchés nécessaires à son commerce, afin de faire vivre un peuple auquel le bon sol manque essentiellement.

L'assimilation de la France à l'Angleterre présenterait encore cette différence en faveur de la première, que si, en Angleterre, la royauté s'est trouvée absorbée par l'aristocratie, en France, la puissance serait aux mains du peuple gouvernant par sa représentation nationale.

Pour plus de sûreté, il semble qu'il ne devrait exister, à l'avenir, qu'une seule Chambre ou Parlement, le contrôle d'une seconde Chambre pouvant bien être illusoire en ce qu'il crée facilement des conflits. Dans un pays démocratique comme le nôtre, on peut être assuré, de quelque manière qu'on s'y prenne, que la Chambre haute sera dominée par celle qui vient du peuple, à qui elle inspire des défiances, car il la croit sentir sans cesse dans les mains d'un pouvoir disposé à l'accaparer. De là, un manque de confiance qui a toujours été funeste à tous les gouvernements.

Une Chambre unique comme Parlement français avec un Conseil permanent d'anciens représentants choisis par la Chambre.

Cette Chambre unique pourrait peut-être posséder dans son sein un certain nombre de représentants en permanence ayant appartenu à trois législatures successives. Ces honorables membres, formant le tiers environ de la représentation nationale, seraient désignés par la Chambre elle-même, laquelle ne manquerait pas de fixer ses choix sur ceux ayant donné jusque-là des garanties sur leurs aptitudes et leurs talents déployés dans les hautes questions débattues précédemment dans le Parlement. Elle pourrait peut-être aussi y faire participer les grandes sommités intellectuelles et scientifiques du pays, qui viendraient faire corps par les choix de l'Assemblée nationale avec les représentants pris dans son sein.

Serait-il possible de revenir à une royauté constitutionnelle qui ne serait qu'une magistrature sanctionnant les actes du Parlement souverain ?

Une fois en possession des institutions qui font peut-être la force d'une République, mais qui ne suffisent peut-être pas à empêcher les divisions qui éclatent dans son sein, ainsi que nous en avons vu de trop nombreux exemples depuis quelques années, nous aimerions voir notre pays revenir à la royauté constitutionnelle, afin qu'il retrouvât cette unité désirable qui fait la force des nations, en supprimant des rivalités dangereuses qui les affaiblissent et finissent quelquefois par les perdre, comme la Pologne, par exemple.

Le souverain, fidèle représentant de l'expression nationale, ferait, avec le concours de l'Assemblée, des alliances utiles ; car aussi fort que soit un État, il ne saurait s'en passer. Il s'en montre d'autant plus fier que, sans menacer ses voisins, il augmenterait ses forces de toutes celles lui venant en aide, ainsi que cela s'est toujours pratiqué entre les États qui vivent en bonne intelligence.

Sans doute qu'une République pourrait conclure aussi des alliances ; mais croit-on que les alliances des souverains qui couvrent l'Europe d'armées nombreuses et toujours prêtes à s'élancer les unes contre les autres, puissent devenir des alliances bien sûres pour la France républicaine, qui mettrait leur principe en péril? Je me permettrai d'en douter.

Ainsi, il est évident qu'il existe des causes de division sérieuses en Allemagne ; les pays annexés à la Prusse, notamment, sont foncièrement ses ennemis, et ne demanderont pas mieux que de s'en détacher lorsqu'ils en trouveront l'occasion ; mais croit-on qu'ils ne présenteront pas les mêmes hésitations pour les mêmes motifs ?

En Autriche, comme ailleurs, on hésitera, et le temps perdu

profitera à la Prusse dont la prépondérance grandira de plus en plus.

Si, malgré notre obscurité, nous pouvions nous permettre une désignation, nous nous empresserions d'indiquer le successeur naturel du roi que nous avons eu le malheur de laisser partir en 1848.

En effet, malgré leurs nombreux griefs, les princes d'Orléans n'ont jamais donné prise contre leur conduite vis-à-vis de la France, où ils ont conservé les sympathies d'un parti nombreux, puissant et éclairé. Personne n'ignore qu'ils ont supporté leur long exil immérité avec une dignité qui a fait leur plus grand éloge.

Quant à M. le comte de Chambord, sa dernière manifestation semble l'éloigner à tout jamais du trône de ses pères, impossible à réédifier en dehors des concessions les plus grandes à faire à l'esprit moderne. Ce prince paraît ignorer complétement que le drapeau blanc, dont il peut être fier à bon droit, se confond avec les autres couleurs nationales, ainsi que M. le général de Lafayette en a lui-même donné dans le temps la description.

Autant que notre mémoire nous le permettra, nous nous rappelons que le général donnait la description suivante du drapeau national tricolore : le bleu placé à la hampe représentait la nation, le blanc placé au milieu représentait la monarchie, et le rouge, à l'extrémité, l'oriflamme que précisément portait Jeanne Darc, cette simple fille des champs à qui une voix intérieure criera le rôle unique dans l'histoire qu'elle aura à remplir, et qui sera bientôt l'héroïne la plus pure et la plus noble de la race française.

On ne saurait oublier que les princes de sa famille auxquels le trône nouveau pourrait échoir sont d'une naissance tout aussi illustre, puisqu'ils relèvent également de saint Louis, de Philippe-Auguste et de Henri IV surtout, le roi chevalier et honnête homme, qui est resté et sera toujours en France, quoi qu'il arrive, le roi populaire. A cette famille viendront se joindre, à n'en pas douter, les hommes les plus considérables et les plus éclairés de tous les partis qui veulent avant tout le bonheur de leur pays, et le soustraire aux efforts d'une démagogie sans scrupule qui ne manquerait pas de le jeter dans les abîmes.

A ces hommes éminents viendraient bientôt se joindre ceux qui portent les plus grands noms qui ont illustré la France, ont contribué à en faire l'une des plus grandes nations du monde, la plus chevaleresque, en même temps que la plus policée.

Les souverains qui nous entourent, débarrassés des soucis que ne manquerait pas de leur causer l'existence d'une République qui serait peut-être *une force pour la France* mais aussi *une menace perpétuelle pour leur existence,* lui feraient désormais bon accueil, et l'aideraient au besoin à se débarrasser des dernières entraves.

Comme on ne peut s'empêcher d'aimer la France, on n'aurait plus, partout, qu'à la prendre pour modèle et à rechercher son alliance avec son estime.

De l'Algérie.

Quant à la France, son rôle est tout tracé, Dieu lui ayant donné un rayon de soleil de plus, *l'Algérie.* Elle ne saurait plus avoir, ce semble, d'autre préoccupation, à l'avenir, que de s'attacher à développer cette riche colonie que quarante ans d'occupation n'ont pu parvenir encore à rendre aussi puissante qu'on aurait pu l'espérer.

Tout en tenant compte des immenses services rendus par notre armée sur cette terre d'avenir, nous ne pouvons nous empêcher de désirer y voir se développer désormais et sans entraves l'élément civil (une milice armée). Car il ne s'agit plus de conquérir, mais de développer les fruits de la conquête; ce qu'on obtiendra par des milices bien organisées.

Son développement progressif, désormais, pourra faire le désespoir des insensés qui ont espéré anéantir notre race, se montrant assez ignorants de l'histoire pour n'y avoir pas vu qu'en aucun temps du monde, jamais race n'a été éteinte par une autre ; de même que les Francs, venus aussi de Germanie, se sont fondus aux vaillants peuples de la Gaule ; de même les Romains, ces plus grands conquérants du monde, n'ont fait que répandre chez les peuples dominés par eux le flambeau de leur civilisation.

Quant à la Prusse, elle n'aura à se targuer, vis-à-vis de nous, que d'avoir mis des peuples en réquisition pour leur fournir les nombreux engins qui, dans un jour de surprise, nous ont abîmés, mais non anéantis, comme nous espérons bien le lui prouver sous peu.

Pour elle, nous savons que l'intelligence de ses hommes d'Etat les portera à utiliser les milliards qu'elle nous aura arrachés pour perfectionner encore ses armements.

Les gouvernements précédents se préoccupaient peut-être trop de tourner leurs regards vers le Nord. A l'avenir, ils feront mieux sans doute de les tourner d'un autre côté, et de n'avoir d'autre préoccupation vers ces contrées septentrionales, que d'y voir et y sentir des populations qui font encore partie de nous-mêmes, bien qu'elles nous aient été ravies, et qu'il faudra bien réintégrer au jour le plus prochain dans la patrie commune.

Comme conclusion, nous dirons :

Qu'il ne saurait entrer dans notre pensée de contrarier, en quoi que ce soit, la politique si nationale et si éclairée de M. le chef du Pouvoir exécutif, ni surtout de voir diminuer la durée d'un pouvoir dont il fait un si noble usage et dont il demande une prolongation de durée, sans doute pour donner le temps aux populations françaises de bien réfléchir avant de prendre une décision aussi importante que celle de décider du gouvernement définitif de leur pays. Nous ajouterons que si notre proposition paraissait digne d'être prise en considération, il y aurait lieu, alors, de la faire passer au crible de la discussion ; car, enfin, notre but en toute chose, c'est le bonheur de notre chère patrie, c'est-à-dire de voir sa sécurité assise sur les bases les plus solides.

Paris-Imp. PAUL DUPONT, 41, rue Jean-Jacques-Rousseau. — 1948 7.1

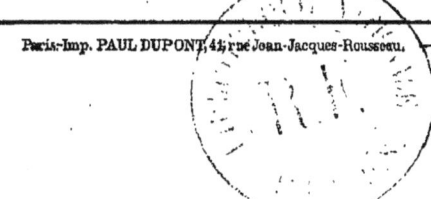